아가에게 들려주고 싶은
열 가지 약속
Ten Commandments

2015. 1. 20. 초판 발행　2017. 11. 10. 3쇄 발행　**지은이** 시온
펴낸이 정애주
국효숙 김기민 김의연 김준표 김진원 박세정 송승호 오민택 오형탁 윤진숙 임승철 임진아 정성혜 차길환 최선경 한미영 허은
펴낸곳 주식회사 홍성사
등록번호 제1-499호 1977. 8. 1.　**주소** (04084) 서울시 마포구 양화진4길 3　**전화** 02) 333-5161　**팩스** 02) 333-5165
홈페이지 www.hsbooks.com　**이메일** hsbooks@hsbooks.com　**페이스북** facebook.com/hongsungsa
양화진책방 02) 333-5163

ISBN 978-89-365-1071-8 (03230)

홍성사.

십계명

Ten Commandments

1. 너는 나 외에는 다른 신들을 네게 두지 말라.

   You shall have no other gods before me.

2. 너를 위하여 새긴 우상을 만들지 말고
   그것들에게 절하지 말며, 그것들을 섬기지 말라.

   You shall not make for yourself an idol.

3. 너는 네 하나님 여호와의 이름을 망령되게 부르지 말라.

   You shall not misuse the name of the LORD your God.

4. 안식일을 기억하여 거룩하게 지키라.

   Remember the Sabbath day by keeping it holy.

5. 네 부모를 공경하라.

   Honor your father and your mother.

6. 살인하지 말라.

   You shall not murder.

7. 간음하지 말라.

   You shall not commit adultery.

8. 도적질하지 말라.

   You shall not steal.

9. 네 이웃에 대하여 거짓 증거하지 말라.

   You shall not give false testimony against your neighbor.

10. 네 이웃의 집을 탐내지 말라.

    You shall not covet your neighbor's house.

아가에게 들려주고 싶은

열 가지 약속

시온 글·그림

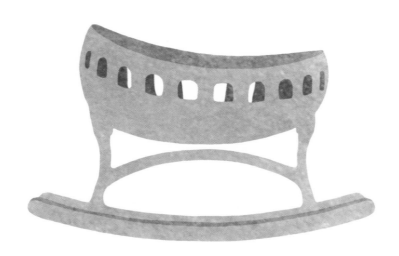

홍
성
사.

아가야, 엄마는 말이야

아주 오래전에 하나님과 약속한 것이 있단다.
그 열 가지 약속을 너에게 들려주고 싶구나.

첫 번째 약속은
언제나 하나님만 생각하겠다는 거였어.

기쁜 일이 있거나 슬픈 일이 있을 때,
화가 나거나 마음이 아플 때,
어떤 때든 하나님을 잊지 않기로 했지.
그랬더니 기쁨은 더 큰 기쁨이 됐고
슬픔은 서서히 사라졌단다.

아가야,
너도 항상 그분을 기억하렴.
하나님은 언제나 너를 두 손 위에 올려놓으시고
지켜보고 계신단다.

두 번째 약속은
하나님을 어떤 형태로도
만들지 않겠다는 거였어.

천 갈래의 바람과 만 개의 모래알, 수억의 별 조각들….
세상에는 아름답고 강해 보이는 것이 참 많지만
그 무엇으로도 하나님의 형상을 표현할 수는 없단다.

아가야,
하나님을 직접 느끼며 살아가렴.
이 세상 무엇보다
크고 넓고 깊고 아름다우신 하나님은
네가 느끼는 것으로 충분하단다.

세 번째 약속은
하나님의 이름으로 섣부른 판단이나
맹세를 하지 않겠다는 거였어.

아가야,
하나님의 이름을 부를 땐
그분이 너의 목소리를 듣고 계시다는 것을 잊으면 안 된단다.
마음이 급하고 상황이 힘들수록
조급함을 가라앉히고
하나님이 말씀하신 후에 행동하렴.
그래도 늦지 않으니 말이야.
네가 진실한 마음으로 그분을 부르면
하나님은 가장 적절한 때에 대답하실 거야.

네 번째 약속은
주일을 거룩하게 지키겠다는 거였어.

엄마는 어른이 되고 할 일이 많아지면서
하나님 앞에 나가는 시간을 아깝게 생각한 적도 있단다.
그런데 그때 깨달은 건
하나님에게서 멀어질수록
두려움과 불안이 점점 커진다는 거였어.
어느 곳에서도 마음껏 웃을 수 없었고
편히 쉴 수 없었지.

아가야!
주일은 온전히 하나님께 내어 드리렴.
그분 앞에 서서 네 목소리로
어떻게 지냈는지 말씀드리면
무척 기뻐하실 거야.

다섯 번째 약속은
부모님을 공경하겠다는 거였어.

하나님께서 엄마에게 주신 첫 번째 선물은
할아버지와 할머니란다.
두 분에게 엄마를 맡기셨지.

날이 더할수록 넌 생각이 크고 원하는 것도 많아질 거야.
너만의 세상이 만들어질 테고,
다른 사람의 간섭은 받고 싶지 않다고 생각할 수도 있겠지.
그래도 아빠와 엄마에게는
네 모습을 감추지 않겠다고 약속해 주겠니?

하나님께서 우리에게 맡겨 주신 네게
우리는 맡겨진 역할을 잘해 낼 수 있도록 노력할 거란다.
하나님을, 아빠와 엄마를 믿어 주렴.
늘 너의 손을 꼭 잡고
네가 하나님의 기쁨이 될 수 있도록 도울게.

여섯 번째 약속은
다른 사람을 해치지 않겠다는 거였어.

별 뜻 없는 가벼운 말이라도
다른 사람에게 상처가 될 수 있단다.
생각을 지키고 말과 행동을 다스리는 건 쉽지 않은 일이지만
항상 노력해야 한단다.
누군가 네게 실수를 했다면
너를 용서하시고 품어 주신 하나님을 기억하렴.
그분 앞에서는 다스리지 못할 감정도
사랑하지 못할 사람도 없단다.

일곱 번째 약속은
유혹에 빠지지 않겠다는 거였어.

수많은 유혹이 네 마음을 묶으려 할 거야.
옳지 않은 것을 선택하고 싶거나
하나님의 질서를 어지럽히는 사람들을 만나게 되더라도
하나님이 주신 지혜로 옳은 것을 선택하렴.
마음을 담대히 하고 자신을 지키려 노력한다면
하나님께서 네 손을 이끌어 주실 거야.

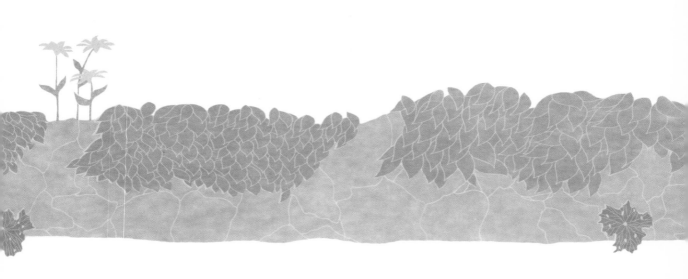

여덟 번째 약속은
욕심내지 않겠다는 거였어.

엄마도 부족한 게 많다고 생각할 때가 있었단다.
양손이 비어 있지 않은데도 더 쥐려고만 했었지.
늘 넘치게 가지고 있을 필요는 없단다.
하나님은 너를 부족하게 하지 않으실 거야.
그분이 주신 것은 그분의 방법대로 사용하렴.
엄마는 네가
받은 것에 만족할 줄 아는 하나님의 사람들처럼
나누고도 부족하지 않은 삶을 살았으면 좋겠구나.

아홉 번째 약속은
거짓을 말하지 않겠다는 거였어.

진실만을 말하는 게 당연한 일이지만
그건 쉬운 일이 아니란다.
엄마는 아직도 거짓을 말하지 않기 위해
부단히 노력하고 있거든.
거짓과 진실 사이에서 망설여질 때면
하나님께서 함께하고 계시다는 걸 기억하렴.

열 번째 약속은
남의 것을 탐내지 않겠다는 거였어.

다른 사람과 비교하면서
그들이 가진 것을 부러워하지 말렴.
네게 필요한 건 하나님께서 채워 주실 테니 말이야.
엄마는 네가
하나님이 주신 것을 헤아려 볼 줄 아는
믿음의 사람이 되었으면 한단다.
방법을 찾기에 앞서
먼저 하나님의 뜻을 구할 줄 아는
네가 되기를 늘 기도할게.

아가야!
너는 하나님의 귀한 사람이란다.

이 약속들을 지키며
하나님께서 열어 주시는 길을 걸어가렴.

사랑한다.

마땅히 행할 길을
아이에게 가르치라
그리하면 늙어도
그것을 떠나지 아니하리라

잠언 22:6

글·그림 시온

누가복음에 예수님을 품은 마리아가 엘리사벳을 만나는 장면이 기록되어 있습니다. 엘리사벳의 태중에 있던 요한은
주님을 알아보고 기뻐 뛰놀았다고 합니다. 참으로 신기하고 신비합니다.
하나님이 심으신 씨앗들이 그분의 음성을 들으며 복되게 자랄 수 있도록 믿음과 소망과 사랑의 이야기를 전하고자 합
니다. 더불어 그들을 양육하는 사명자들에게도 빛과 지혜의 말씀을 나누기 원합니다.